QUESTIONS

SUR L'ÉTAT DES COMÉDIENS FRANÇOIS.

A PARIS,

Chez BAUDOUIN, Imprimeur de l'ASSEMBLÉE NATIONALE, rue du Foin Saint-Jacques, N°. 31.

1789.

QUESTIONS
SUR L'ÉTAT
DES COMÉDIENS
FRANÇOIS.

1°. Les Comédiens François ſont-ils Citoyens ?

2°. Doivent-ils jouir de toutes les prérogatives attachées à ce titre ?

3°. Leur état n'y répugne-t-il pas ?

Réponſe.

1°. Pour être Citoyen il ne faut qu'avoir une exiſtence phyſique dans la Société.

2°. Pour jouir des prérogatives de Citoyen, il ne faut que rendre à la Société les devoirs que chacun lui doit dans l'état qu'il a embraſſé.

3°. L'état de Comédien ne peut être réprouvé par la Société même qui l'a admis, l'a reçu, & en retire des avantages.

En rendant compte de leur établiſſement, de leur exercice, & des privilèges honorables que les Rois & la Société leur ont accordés, on aura répondu suffisamment à ces questions pour en tirer la juste conséquence.

C'est dans la Grèce que l'on trouve l'origine de la Comédie : elle y étoit en honneur, parce que l'on y représentoit les actions des Grands hommes ; les Dieux mêmes étoient les héros de leurs Pieces ; c'étoit un délassement pour un Peuple guerrier, laborieux & poli qui y puisoit des leçons de vertu.

Les guerres d'entre les Grecs & les Romains firent passer la Comédie en Italie, parce que les Grecs, prisonniers & esclaves, portèrent ce talent chez les vainqueurs : ce ne fut pendant long temps chez ceux-ci qu'une action, une occupation d'esclaves ; mais les Romains s'accoutumèrent insensiblement à ces représentations ; ils en sentirent l'utilité, & après s'être mêlés d'abord avec leurs esclaves pour partager cet exercice, ils le prirent bientôt en honneur, & les premiers Citoyens s'étant fait Auteurs & Acteurs, on vit monter sur le théâtre jusqu'à leurs Empereurs : Roscius, cet ami de Cicéron, fut mis au rang de leurs Grands-Hommes.

Comme la Comédie n'étoit que la représentation d'Actes du Paganisme, les premiers Chrétiens la reprouvèrent, comme ils reprouvoient les idoles, les statues; & le Concile d'Elvire, tenu en 303, celui d'Arles en 314, au canon cinq, dit, *De Theatricis ipsos placuit, quandiu agunt, de communione separari.*

Cette réprobation fit évanouir le peu de règles qui formoit la Comédie, elle devint farce; on y joignit les mimes, les pantomimes; ces Spectacles en devinrent plus scandaleux, & l'Eglise, attentive aux actions comme aux mœurs des Chrétiens, défendit les Spectacles: cependant les Conciles firent à ces défenses quelques modifications. En 692, le Concile de Constantinople décerna des peines contre les Clercs & les Laïcs qui assisteroient aux Spectacles. Le neuvième Canon du Concile de Châlons sous Charlemagne défendit aux Clercs d'y aller, & leur enjoignit seulement d'en détourner les Laïcs. Le Concile de Rheims en 1583, de Tours, de Bourges en 1586, défendirent les jeux de Théâtre les jours de fêtes: Saint-Charles dit qu'il y a péché d'y aller le Dimanche, Chap. 14.

D'une autre part, l'on voit Tertullien ne défendre les Spectacles que parce que l'on y rencontre les hommes avec les femmes, que l'on y va avec le plus grand luxe pour voir & être vu, *& que les petits mots qui se disent aux Comédiens & Comédiennes, sont autant d'étincelles qui augmentent le feu secret*; il ajoute que la Comédie est incompatible avec la prière, parce que l'on ne peut l'offrir à Dieu, &, pour preuve, il rapporte qu'une femme fut possédée pour avoir été au théâtre, & qu'une autre fut punie par une vision, & mourut cinq jours après; Chap. 38.

Lactance défend les Comédies, parce qu'on y représente des fictions, des intrigues amoureuses, & les Tragédies, parce qu'on y représente des parricides & autres mauvaises actions.

Des gens sages sentirent que, comme il n'est aucune action qui ne se présente sous deux faces, c'étoit sans doute un malheur que des particuliers fissent ou trouvassent du mal dans une chose qui pouvoit être utile à la Société; mais que quelques exceptions ne devoient pas l'en priver. Le Cardinal le Moine, pensant plus en vrai Philosophe qu'en Censeur trop rigide, jugea la Comédie si utile, qu'en 1410 il acheta l'Hôtel de Bourgogne à Paris, pour y faire représenter les mystères de la Passion; il prescrivit aux Acteurs, des statuts, des Réglemens, & se joignant à la Police civile, il leur fut permis, par Arrêt du Parlement, de prendre de l'argent du Public. Jodelle fit sur ce Théâtre les premières représentations; (car on ne peut pas appeler cela Comédie). Garnier vint après; & successivement ce genre de Spectacle s'épura : mais on ne doit pas oublier, à la lecture de ces Piéces, que les Auteurs suivoient l'usage du temps, parloient le langage du temps; & que ce qui, dans la diction & le style, peut scandaliser aujourd'hui, étoit le langage même de la bonne Compagnie : si les mœurs ne se sont pas épurées, le langage a pris une autre forme & est devenu plus modeste.

Successivement il s'établit plusieurs troupes de Comédiens : l'Eglise, la Police firent des Règlemens pour les contenir dans les bornes de la décence & de l'honnêteté; enfin, en 1664, le Cardinal de Richelieu connoissant la nécessité des Spectacles dans une aussi grande Ville que Paris, donna au Théâtre François une forme déterminée : il prévit les abus, les inconvéniens, dans une Déclaration qu'il fit enregistrer au Parlement, par laquelle, après avoir renouvellé les défenses d'user de paroles lascives ou à double entente, il est dit : *Nous voulons que leur exercice qui peut innocemment divertir nos Peuples de diverses occupations mauvaises, ne puisse leur être imputé à blâme, ni préjudicier à leur réputation dans le commerce public.*

Voilà sans doute la loi fondamentale du Théâtre François; les Comédiens François ne doivent jamais le perdre de vue, & aujourd'hui, plus que jamais, ils protestent d'en suivre les principes tant à la lettre qu'en esprit.

Il paroît que, malgré les grands talens des Auteurs que le Cardinal sembla attacher au théâtre, les mœurs n'étoient pas encore assez épurées pour qu'on n'y montrât plus de ces farces, de ces mauvaises Pièces qui amusent plus le Public, que les Chefs-d'œuvres de Corneille. Quelques Auteurs qui lui succédèrent, sacrifièrent leur gloire au plaisir de faire rire le peuple: Molière même, cet homme de génie qui porta par ses censures hardies le plus grand coup aux désordres publics, ne put se dispenser, pour plaire au temps & aux grands, de faire venir Scapin avec un sac, après avoir fait le Misanthrope, le Tartuffe; mais il donna, par ces grands traits, des exemples aux Anteurs qui l'ont suivi; le Public honnête rougit bientôt de s'amuser à des Spectacles qui n'étoient que des farces, & ne pouvoient satisfaire ni le cœur ni l'esprit.

Successivement on vit naître des Auteurs à grands talens. Racine présenta la Vertu dans des tableaux touchans : Crébillon nous fit frémir par ses pinceaux cruels, en représentant l'atrocité des Mœurs anciennes : Voltaire nous attendrit sur le sort de Zaïre ; il nous fit aimer la Religion par la conversion de Zamore : Polieucte éleva notre ame vers le Ciel : & quelles vertus ne portèrent pas dans nos cœurs la Chaussée, Destouches ! L'un prêche l'Amour maternel, l'union conjugale (1) ; l'autre, en nous peignant l'Ambition & la Vanité (2) sous des traits honteux, nous fait détester l'orgueil, & réunit deux époux, dont un faux préjugé d'esprit séparoit les cœurs.

Mais, si ces Auteurs anciens ont ouvert de si belles routes, qu'ils sont bien suivis aujourd'hui! Est-il un Auteur qui se permît à présent de présenter des vices sur le théâtre, autrement que pour les corriger ? La Veuve du Malabar n'est qu'une controverse entre un Chrétien & un Brame, pour réformer un usage abominable: l'Ecole des Pères n'est que l'amour paternel pour corriger un fils qui s'oublie : la Chasse de Henri

(1) L'Ecole des Mères. Le Préjugé à la Mode.

(2) Le Glorieux. Le Philosophe marié.

IV eſt la repréſentation des actions vertueuſes de ce bon Roi : le Bourru bienfaiſant nous montre un homme plein de vertu, mais dont l'eſprit trop dur gâte le caractère.

L'on objectera peut-être que cependant il ſe gliſſe quelques Pièces qui ne ſont pas toutes auſſi moriginées. Mais d'abord les Comédiens ſont-ils les maîtres de refuſer ce qui pourroit leur déplaire ? Enſuite, ſi l'on veut bien prendre l'eſprit du Théâtre, ne doit-on pas ſéparer l'Auteur de l'Acteur ? L'on ne fera ſurement pas ſupporter à celui-ci la peine que peut mériter le premier. Préſentons la marche des uns & des autres.

Un Auteur préſente une Pièce à jouer aux Comédiens : ceux-ci en font l'examen, l'acceptent ou la rejettent ; s'ils l'acceptent, l'Auteur la préſente à la cenſure, & l'on accorde la permiſſion de la jouer, de l'imprimer ; ſi, au contraire, ils la rejettent, ce qui arrive ſouvent, l'Auteur emploie des protections, trouve quelquefois un Cenſeur facile qui l'approuve, &, ſuivant enſuite le degré plus ou moins fort de protection qu'il a, ou il fait ſeulement imprimer la Pièce, ou il force les Comédiens à la jouer. Quel eſt le ſort de cette Pièce ? Le plus ſouvent de tomber à la première ou ſeconde repréſentation, au détriment des Comédiens ; ou de leur attirer des reproches, ſi la Pièce eſt ſuſceptible de la cenſure du Public.

Ce n'eſt donc pas aux Comédiens qu'il faut imputer ces écarts ; ils n'ont pas le droit de corriger les Cenſeurs : mais la Police, mais l'Egliſe a celui de les choiſir, de les diriger, & de fixer des règles telles que ni l'un ni l'autre n'ait à ſe plaindre ; alors la Comédie ſera parfaitement épurée, & le vœu des Comédiens eux mêmes ſera rempli.

Qu'eſt-ce en effet que la Comédie ou la Tragédie ? Ce ſont des détails d'Hiſtoire peints par des Auteurs avec des couleurs telles que les vices, les défauts, les ridicules mêmes des hommes ſoient préſentés de manière à les corriger ; ces traits ſont pris dans les Hiſtoires ſacrées, dans les profanes, dans la Fable, dans l'imagination même de l'Auteur ; qu'importe où il les prenne, pourvu qu'il parvienne à ſon but, c'eſt-à-dire, de rendre les hommes meilleurs ?

Qu'eſt-ce que les Comédiens ? C'eſt une Société de Citoyens qui voue ſes talens, ſon eſprit, ſon intelligence, à reciter des vers, à repréſenter avec art ces actions que le Poëte a imaginées, à leur donner de l'ame, & à inculquer par le feu de leur élocution les bons principes du poëme dans l'ame des Spectateurs.

Quels reproches la Police civile, comme la Police canonique, peut-elle donc faire à des Comédiens qu'elle ne le faſſe aux Auteurs? Dira-t-on que le luxe règne ſur le Théâtre? Depuis que l'on eſt parvenu à mettre dans les actions la vraiſemblance & la vérité, le Théâtre François s'eſt aſſujetti aux coſtumes néceſſaires aux Pièces; & l'on voit à côté de l'habit brillant du Comte d'Olban, le vêtement modeſte & ſimple de Nanine.

Dira-t-on que l'état eſt abject, parce qu'il eſt aux ordres du public, parce que l'on peut ſiffler un Acteur? Mais quel eſt l'état dans la Société dont l'exercice n'eſt pas aux ordres du Public? Quel eſt l'état où l'on ne ſiffle pas, de fait ou de droit, celui qui l'exerce mal? Le Marchand, le Négociant, le Magiſtrat, ne ſont-ils pas aux ordres du Public? ne ſont-ils pas ſujets à ſa cenſure? peut être encore plus que le Comédien, qui ne répond qu'aux ordres du Public aſſemblé; au lieu que preſque dans tous les états, il faut les recevoir du Particulier.

Dira-t-on qu'il eſt des Acteurs & des Actrices dont la conduite n'eſt pas toujours réglée par la décence & l'honnêteté ? Mais, d'abord, ce n'eſt pas par les Particuliers qu'on peut juger un Corps : quelle ſeroit la réputation d'un Peuple, ſi on le jugeoit par la conduite de quelques individus ? Mais que la Police, que l'Egliſe elle-même, ſentent bien que l'opinion que l'on a eue juſqu'à préſent ſur cette Société, a pu jeter dans ſon ame, & encore plus dans le cœur & l'eſprit des Particuliers, un certain découragement qui ouvre la porte à bien des déſordres : cette eſpèce de barrière derrière laquelle on l'a reculée, a été pour quelques individus un voile propre à cacher leur conduite peu réglée. Mais que cette barrière s'ouvre, qu'ils rentrent, comme ils le doivent, dans le cercle commun des Citoyens, les principes qu'ils débitoient hier ſur le Théâtre, ſans ſe les appliquer, deviendront demain la règle de leur conduite; ils ſe rappelleront avec gloire qu'ils ſont Comédiens du Roi, Penſionnaires du Roi; & ſi juſqu'à préſent, malgré leur éloignement de l'Egliſe, ils en ſuivent les règles & les principes, combien, en rendant graces à la main bienfaiſante qui les rapprochera abſolument des Autels & de la Société, ne porteront-ils pas de respect & de soumission à cette Mère commune?

L'Ordre civil, les premiers Magistrats du Royaume, ont senti les inconvéniens de cette espèce d'abjection des Comédiens; ils les ont rappelés dans la Société. Un Arrêt du Parlement du 3 Mai 1766, en ordonnant, *proprio motu*, l'affirmation de deux Comédiens dans une affaire particulière, leur a démontré qu'ils n'avoient jamais perdu aucun des droits de Citoyen. Un autre, rendu au Conseil du Roi le 10 Septembre 1668, avoit confirmé le sieur Floridor, Comédien, dans les priviléges de sa Noblesse, conformément à la Déclaration du 16 Avril 1641.

Le Roi, en formant pour la Comédie une Ecole de Déclamation, a eu l'intention de n'y plus admettre que de jeunes-gens élevés dans les bonnes mœurs, comme dans les talens, & d'en éloigner ces Acteurs peu connus que lui fournissoient les Provinces & les Etrangers.

Les Comédiens croient pouvoir se permettre de rappeler que si leur Société a été formée en 1641 sur les principes de morale & d'honnêteté dans leurs exercices, elle ne l'est pas moins sur ceux des mœurs & des bonnes-œuvres. L'instant de leur établissement au fauxbourg Saint-Germain fut marqué par les œuvres de charité qu'ils étendirent par des délibérations, sur les Religieux Mendians : leurs registres contiennent les Requêtes qui leur furent présentées par les Capucins, les Cordeliers, les Petits-Augustins, &c. auxquels ils fixèrent des pensions : ces mêmes registres contiennent leurs aumônes journalières.

Ils n'osent en parler ici, que parce que, dans les malheurs publics arrivés cette année même, ayant fait à leurs Concitoyens affligés les hommages réitérés de leurs talens & de leur bienfaisance, ils en ont reçu la récompense la plus chère à leur cœur, la reconnoissance publique, & les marques d'affection des hommes les plus vertueux.

Les Comédiens de la Nation ne doivent-ils donc pas espérer de se trouver à Paris ce qu'ils sont en Italie, en Allemagne, en Espagne, où malgré la rigueur de l'Inquisition, ils jouissent de tous les droits de Citoyens Catholiques ? Le règne des préjugés est passé ; la saine raison sera dorénavant le flambeau des hommes.

Mr. C. D. L.

www.ingramcontent.com/pod-product-compliance
Lightning Source LLC
LaVergne TN
LVHW050519160826
845677LV00003B/1230